Sond
edition

Peter Sloterdijk

Regeln für den Menschenpark

Ein Antwortschreiben zu Heideggers Brief über den Humanismus

Suhrkamp

edition suhrkamp
Sonderdruck
Erste Auflage 1999

Erstausgabe

Druck: Druckhaus Nomos, Sinzheim
Umschlag gestaltet nach einem Konzept
von Willy Fleckhaus: Rolf Staudt
Printed in Germany
ISBN 978-3-518-06582-2

10 11 12 13 14 15 - 13 12 11 10 09 08

Regeln für den Menschenpark

Bücher, so hat der Dichter Jean Paul einmal bemerkt, sind dickere Briefe an Freunde. Mit diesem Satz hat er Wesen und Funktion des Humanismus quintessentiell und anmutig beim Namen genannt: Er ist freundschaftstiftende Telekommunikation im Medium der Schrift. Was von den Tagen Ciceros an *humanitas* heißt, gehört im engsten und im weitesten Sinne zu den Folgen der Alphabetisierung. Seit es die Philosophie als literarisches Genre gibt, rekrutiert sie ihre Anhänger dadurch, daß sie auf infektiöse Weise über Liebe und Freundschaft schreibt. Nicht nur ist sie eine Rede über die Liebe zur Weisheit, – sie will auch andere zu dieser Liebe bewegen. Daß überhaupt die geschriebene Philosophie nach ihren Anfängen vor mehr als 2500 Jahren bis heute virulent bleiben konnte, verdankt sie den Erfolgen ihrer Fähigkeit, sich durch den Text Freunde zu machen. Sie ließ sich weiterschreiben wie ein Kettenbrief durch die Generationen, und allen Kopierfehlern zum Trotz, ja vielleicht dank solcher Fehler, zog sie die Kopisten und Interpreten in ihren befreundenden Bann.

Das wichtigste Glied in dieser Briefkette war ohne Zweifel der Empfang der griechischen Sendung durch die Römer, denn erst die römische Aneignung hat den griechischen Text für das Imperium aufgeschlossen und hat ihn, zumindest mittelbar, über den Verfall Westroms hinaus, für die späteren europäischen Kulturen zugänglich gemacht. Gewiß hätten sich die griechischen Autoren gewundert, was für Freunde sich auf ihre Briefe hin eines Tages melden würden. Es gehört zu den Spielregeln der Schriftkultur, daß die Absender ihre wirklichen Empfänger nicht vorhersehen können. Nichtsdestoweniger lassen die Autoren sich ein auf das Abenteuer, ihre Briefe an nicht identifizierte Freunde auf den Weg zu bringen. Ohne die Codierung der griechischen Philosophie auf transportablen Schriftrollen hätten die Postsachen, die wir die Tradition nennen, niemals aufgegeben werden können; aber ohne die griechischen Lektoren, die sich den Römern als Helfer bei der Entzifferung der Briefe aus Griechenland zur Verfügung stellten, hätten eben diese Römer es nicht vermocht, sich mit den Absendern dieser Schriften anzufreunden. Die Freundschaft, die in die Ferne geht, braucht also beides – die Briefe selbst und ihre Zusteller oder Interpreten. Ohne die Bereitschaft römischer Leser wiederum, sich mit den Fernsendungen der Griechen zu befreunden, hätte es an Empfängern gefehlt, und wären die Römer nicht mit ihrer ausgezeichneten Rezeptivität in das Spiel eingestiegen, so hätten die griechischen Sendungen den westeuropäischen Raum, den noch die heutigen Interessenten des Humanismus bewohnen, niemals erreicht. Es gäbe weder das Phänomen Humanismus noch überhaupt eine ernstzunehmende Form von lateinischen philosophischen Reden ebensowenig wie spätere nationalsprachliche Philosophiekulturen. Wenn heute hier in deutscher Sprache von humanen Dingen die Rede ist, dann verdankt sich diese Möglichkeit nicht zuletzt der Bereitschaft der Römer, die Schriften der griechischen Lehrer zu lesen, als wären sie Briefe an Freunde in Italien.

Zieht man die epochalen Folgen der griechisch-römischen Post in Betracht, so wird evident, daß es mit dem Schreiben, Schicken und Empfangen von philosophischen Schriftsachen eine besondere Bewandtnis hat. Offensichtlich schickt der Absender dieser Gattung von Freundschaftsbriefen seine Schriften in die Welt, ohne die Empfänger zu kennen – oder falls er sie kennt, ist er sich doch dessen bewußt, daß die Briefsendung über diese hinausweist und eine unbestimmte Vielzahl von Befreundungschancen mit namenlosen, oft noch ungeborenen Lesern zu provozieren vermag. In erotologischer Sicht stellt die hypothetische Freundschaft des Bücher- und Briefeschreibers mit den Empfängern seiner Sendungen einen Fall von Fernstenliebe dar – und dies durchaus im Sinne Nietzsches, der wußte, daß die Schrift die Macht ist, die Liebe zum Nächsten und Nächstbesten zu verwandeln in die zum unbekannten, fernen, kommenden Leben; die Schrift bewirkt nicht nur einen telekommunikativen Brückenschlag zwischen erwiesenen Freunden, die zur Zeit der Briefsendung in räumlicher Entfernung voneinander leben, sondern sie setzt eine Operation im Unerwiesenen in Gang, sie lanciert eine Verführung in die Ferne, in der Sprache alteuropäischer Magie gesprochen eine *actio in distans*, mit dem Ziel, den unbekannten Freund als solchen bloßzustellen und ihn zum Beitritt in den Freundeskreis zu bewegen. Tatsächlich kann der Leser, der dem dickeren Brief sich aussetzt, das Buch wie eine Einladungskarte verstehen, und läßt er sich von der Lektüre erwärmen, so meldet er sich im Kreis der Angesprochenen, um sich dort zum Empfang der Sendung zu bekennen.

Man könnte somit das allen Humanismen zugrundeliegende kommunitarische Phantasma auf das Modell einer literarischen Gesellschaft zurückführen, in der die Beteiligten durch kanonische Lektüren ihre gemeinsame Liebe zu inspirierenden Absendern entdecken. Im Kern des so verstandenen Humanismus entdecken wir eine Sekten- oder Club-Phantasie – den Traum von der schicksalhaften Solidarität derer, die dazu auserwählt sind, lesen zu können. Für die Alte Welt, ja bis zum Vorabend des neuzeitlichen Nationalstaats bedeutete das Lesevermögen tatsächlich so etwas wie die Mitgliedschaft in einer geheimnisumwitterten Elite – grammatische Kenntnisse galten einst vielerorts als Inbegriff der Zauberei: tatsächlich wird schon im mittelalterlichen Englisch aus dem Wort *grammar* der *glamour*[1] entwickelt: Wer lesen und schreiben

1 Der Ausdruck für Zauber geht aus dem Wort für Grammatik hervor.

kann, dem werden auch andere Unmöglichkeiten leichtfallen. Die Humanisierten sind zunächst nicht mehr als die Sekte der Alphabetisierten, und wie in vielen anderen Sekten treten auch in dieser expansionistische und universalistische Projekte an den Tag. Wo der Alphabetismus phantastisch und unbescheiden wurde, dort entstand die grammatische oder litterale Mystik, die Kabbala, die davon schwärmt, Einsicht in die Schreibweisen des Weltverfassers zu nehmen.[2] Wo hingegen der Humanismus pragmatisch und programmatisch wurde, wie in den Gymnasialideologien der bürgerlichen Nationalstaaten im 19. und 20. Jahrhundert, dort weitete sich das Muster der literarischen Gesellschaft zur Norm der politischen Gesellschaft aus. Von da an organisierten sich die Völker als durchalphabetisierte Zwangsfreundschaftsverbände, die auf einen jeweils im Nationalraum verbindlichen Lektürekanon eingeschworen wurden. Neben den gemeineuropäischen antiken Autoren werden darum nun auch die nationalen und neuzeitlichen Klassiker mobilisiert – deren Briefe ans Publikum werden durch den Büchermarkt und die

2 Daß das Geheimnis des Lebens mit dem Phänomen der Schrift eng zusammenhängt, ist zugleich die große Intuition der Golem-Legende. Vgl. Moshe Idel, *Le Golem*, Paris 1992; im Vorwort zu diesem Buch weist Henri Atlan auf den Bericht einer vom US-Präsidenten eingesetzten Kommission unter dem Titel: *Splicing life. The Social and Ethical issue of Genetic Engineering with Human Beings, 1982* hin, dessen Verfasser auf die Golem-Legende Bezug nehmen.

höheren Schulen zu wirksamen Motiven der Nationenschöpfung überhöht. Was sind die neuzeitlichen Nationen anderes als die wirkungsvollen Fiktionen von lesenden Öffentlichkeiten, die durch dieselben Schriften zu einem gleichgestimmten Bund von Freunden würden? Die allgemeine Wehrpflicht für die männliche Jugend und die allgemeine Klassiker-Lesepflicht für Jugendliche beider Geschlechter charakterisieren die klassische Bürgerzeit, sprich jenes Zeitalter der bewaffneten und belesenen Humanität, auf welche die neuen und alten Konservativen von heute zurückblicken, nostalgisch und hilflos zugleich und völlig unfähig, sich über den Sinn eines Lektüre-Kanons medientheoretisch Rechenschaft zu geben – wer hiervon einen aktuellen Eindruck gewinnen will, mag nachlesen, wie kläglich die Ergebnisse einer in Deutschland jüngst versuchten nationalen Debatte über die vermeintliche Notwendigkeit eines neuen literarischen Kanons ausgefallen sind.

Tatsächlich, von 1789 bis 1945 hatten die lesefreudigen Nationalhumanismen ihre hohe Zeit; in ihrer Mitte residierte, machtbewußt und selbstzufrieden, die Kaste der Alt- und Neuphilologen, die sich mit der Aufgabe betraut wußten, die Nachkommen in den Kreis der Empfänger der maßgeblichen dickeren Briefe zu initiieren. Die Macht der Lehrer in dieser Zeit und die Schlüsselrolle der Philologen hatten ihren Grund in ihrer privilegierten Kenntnis der Autoren, die als Absender von gemeinschaftsstiftenden Schriften in Frage kamen. Seiner Substanz nach war der bürgerliche Humanismus nichts anderes als die Vollmacht, der Jugend die Klassiker aufzuzwingen und die universale Geltung nationaler Lektüren[3] zu behaupten. Somit wären die bürgerlichen Nationen selbst bis zu einem gewissen Grade literarische und postalische Produkte – Fiktionen einer schicksalhaften Freundschaft mit fernen Landsleuten und sympathetisch verbundenen Lesern von schlechthin begeisternden gemeinsam-eigenen Autoren.

Wenn diese Epoche heute unwiderruflich abgelaufen scheint, so nicht, weil die Menschen aus einer dekadenten Laune ihr literarisches Pensum nicht mehr zu erfüllen bereit wären; die Epoche des nationalbürgerlichen Humanismus ist an ein Ende gelangt, weil die Kunst, Liebe inspirierende Briefe an eine Nation von Freunden zu schreiben, auch wenn sie noch so professionell geübt würde, nicht mehr ausreichen könnte, das telekommunikative Band zwischen den Bewohnern einer modernen Massengesellschaft zu knüpfen. Durch die mediale Etablierung der Massenkultur in der Ersten Welt nach 1918 (Rundfunk) und nach 1945 (Fernsehen) und mehr noch durch die aktuellen Vernetzungsrevolutionen ist die Koexistenz der Menschen in den aktuellen Gesellschaften auf neue Grundlagen gestellt worden. Diese sind, wie sich

3 Natürlich auch die nationale Geltung universaler Lektüren.

ohne Aufwand zeigen läßt, entschieden post-literarisch, post-epistolographisch und folglich posthumanistisch. Wer die Vorsilbe post in diesen Formulierungen für zu dramatisch hält, könnte sie durch das Adverb marginal ersetzen – so daß unsere These lautet: moderne Großgesellschaften können ihre politische und kulturelle Synthesis nur noch marginal über literarische, briefliche, humanistische Medien produzieren. Keineswegs ist deswegen die Literatur am Ende, aber sie hat sich zu einer Subkultur *sui generis* ausdifferenziert und die Tage ihrer Überschätzung als Träger der Nationalgeister sind vorüber. Die soziale Synthesis ist nicht mehr – auch nicht mehr scheinbar – hauptsächlich eine Buch- und Briefsache. Es sind inzwischen neue Medien der politisch-kulturellen Telekommunikation in Führung gegangen, die das Schema der schriftgeborenen Freundschaften auf ein bescheidenes Maß zurückgedrängt haben. Die Ära des neuzeitlichen Humanismus als Schul- und Bildungsmodell ist abgelaufen, weil die Illusion nicht länger sich halten läßt, politische und ökonomische Großstrukturen könnten nach dem amiablen Modell der literarischen Gesellschaft organisiert werden.

Diese Desillusionierung, die spätestens seit dem Ersten Weltkrieg zur Kenntnisnahme durch die noch humanistisch Gebildeten ansteht, hat eine eigentümlich zerdehnte, von Kehrtwendungen und

Verdrehungen markierte Geschichte. Denn ausgerechnet am grellen Ende der nationalhumanistischen Ära, in den so sehr verdüsterten Jahren nach 1945, sollte das humanistische Modell noch einmal eine Nachblüte erleben; es handelte sich dabei um eine veranstaltete und reflexhafte Renaissance, die das Muster für alle seitherigen kleinen Reanimationen des Humanismus liefert. Wäre der Hintergrund nicht so dunkel, man müßte von einem Schwärmen und einem Sichtäuschen um die Wette reden. In den fundamentalistischen Stimmungen der Jahre nach 1945 war es für viele Menschen aus begreiflichen Gründen nicht genug, aus den Kriegsgreueln zurückzukehren in eine Gesellschaft, die sich wieder als pazifiziertes Publikum von Lese-Freunden präsentierte – als könnte eine Goethe-Jugend die Hitler-Jugend vergessen machen. Damals schien es vielen umgänglich, neben den neu aufgelegten Römerlektüren auch die zweite, die biblische Basislektüre der Europäer wieder aufzuschlagen und die Grundlagen des nun wieder so genannten Abendlandes im christlichen Humanismus zu beschwören. Dieser verzweifelt über Weimar nach Rom blickende Neohumanismus war ein Traum von der Rettung der europäischen Seele durch eine radikalisierte Bibliophilie – eine schwermütig-hoffnungsvolle Schwärmerei von der zivilisierenden, der vermenschlichenden Macht der Klassikerlektüre – wenn wir uns für einen Augenblick die Freiheit nehmen, Cicero und Christus nebeneinander als Klassiker aufzufassen.

In diesen Nachkriegshumanismen, mögen sie noch so illusionsgeboren gewesen sein, verrät sich immerhin ein Motiv, ohne das sich die humanistische Tendenz im ganzen niemals verständlich machen läßt – weder in den Tagen der Römer noch in der Ära der neuzeitlich bürgerlichen Nationalstaaten: Humanismus als Wort und Sache hat immer ein Wogegen, denn er ist das Engagement für die Zurückholung des Menschen aus der Barbarei. Es versteht sich leicht, daß gerade jene Zeitalter, die mit dem barbarischen Potential, das in gewalthaften Interaktionen zwischen Menschen freigesetzt wird, ihre besonderen Erfahrungen gemacht haben, zugleich die Zeiten sind, in denen der Ruf nach Humanismus lauter und fordernder zu werden pflegt. Wer heute nach der Zukunft von Humanität und Humanisierungsmedien fragt, will im Grunde wissen, ob Hoffnung besteht, der aktuellen Verwilderungstendenzen beim Menschen Herr zu werden. Dabei fällt beunruhigend ins Gewicht, daß Verwilderungen, heute wie immer, gerade bei hoher Machtentfaltung aufzubrechen pflegen, sei es als unmittelbare kriegerische und imperiale Rohheit, sei es als alltägliche Bestialisierung der Menschen in den Medien enthemmender Unterhaltung. Für beides haben die Römer die europaprägenden Modelle geliefert – zum einen mit ihrem allesdurchdringenden Militarismus, zum anderen durch ihre zukunftsweisende Unterhaltungsindustrie der blutigen Spiele. Das latente Thema des Humanismus ist also die Entwilderung des Menschen, und seine latente These lautet: Richtige Lektüre macht zahm.

Das Phänomen Humanismus verdient Aufmerksamkeit heute vor allem, weil es – wie auch immer verschleiert und befangen – daran erinnert, daß Menschen in der Hochkultur ständig von zwei Bildungsmächten zugleich in Anspruch genommen werden – wir wollen sie hier der Vereinfachung zuliebe schlicht die hemmenden und die enthemmenden Einflüsse nennen. Zum Credo des Humanismus gehört die Überzeugung, daß Menschen »Tiere unter Einfluß« sind und daß es deswegen unerläßlich sei, ihnen die richtige Art von Beeinflussungen zukommen zu lassen. Das Etikett Humanismus erinnert – in falscher Harmlosigkeit – an die fortwährende Schlacht um den Menschen, die sich als Ringen zwischen bestialisierenden und zähmenden Tendenzen vollzieht.

Für die Epoche Ciceros sind die beiden Einflußmächte noch leicht zu identifizieren, denn jede von beiden besitzt ihr eigenes charakteristisches Medium. Was die bestialisierenden Einflüsse angeht, so hatten die Römer mit ihren Amphitheatern, ihren Tierhetzen, ihren Kampfspielen bis zum Tode und ihren Hinrichtungsspektakeln das erfolgreichste massenmediale Netz der alten Welt installiert.

In den tobenden Stadien rund ums Mittelmer kam der enthemmte *homo inhumanus* wie kaum je zuvor und selten danach auf seine Kosten.[4] Während der Kaiserzeit war die Versorgung der römischen Massen mit bestialisierenden Faszinationen zu einer unentbehrlichen, routiniert ausgebauten Herrschaftstechnik geworden, die sich dank der juvenalischen Brot-und-Spiele-Formel bis heute in Erinnerung gehalten hat. Man kann den antiken Humanismus nur verstehen, wenn man ihn auch als Parteinahme in einem Medienkonflikt begreift – das heißt als Widerstand des Buches gegen das Amphitheater und als Opposition der vermenschlichenden, geduldigmachenden, besinnungstiftenden philosophischen Lektüre gegen den entmenschenden, ungeduldig aufbrausenden Sensations- und Berauschungssog in den Stadien. Was die gebildeten Römer *humanitas* nannten, wäre undenkbar ohne die Forderung nach Abstinenz von der Massenkultur in den Theatern der Grausamkeit. Sollte der Humanist selbst sich einmal in die brüllende Menge verirren, so nur, um festzustellen, daß auch er ein Mensch ist und daher von der Bestialisierung infiziert werden kann. Er kehrt aus dem Theater nach Hause, beschämt über seine un-

4 Erst mit dem Genre der Chain Saw Massacre Movies ist der Anschluß der modernen Massenkultur an das Niveau des antiken Bestialitätenkonsums vollzogen. Vgl. Marc Edmundson, *Nightmare on Mainstreet. Angels, Sadomasochism and the Culture of the American Gothic*, Cambridge, MA. 1997.

willkürliche Anteilnahme an den ansteckenden Sensationen, und ist nun geneigt zuzugeben, daß nichts Menschliches ihm fremd sei. Aber damit ist gesagt, daß Menschlichkeit darin besteht, zur Entwicklung der eigenen Natur die zähmenden Medien zu wählen und auf die enthemmenden zu verzichten. Der Sinn dieser Medienwahl liegt darin, sich der eigenen möglichen Bestialität zu entwöhnen und Abstand zu legen zwischen sich und die entmenschenden Eskalationen der theatralischen Brüllmeute.

Diese Andeutungen machen deutlich: Mit der Humanismus-Frage ist mehr gemeint als die bukolische Vermutung, daß Lesen bildet. Es geht in ihr um nicht weniger als um eine Anthropodizee – das heißt eine Bestimmung des Menschen angesichts seiner biologischen Offenheit und seiner moralischen Ambivalenz. Vor allem aber ist die Frage, wie der Mensch zu einem wahren oder wirklichen Menschen werden könne, von hier an unausweichlich als eine Medienfrage gestellt, wenn wir unter Medien die kommunionalen und kommunikativen Mittel verstehen, durch deren Gebrauch sich die Menschen selbst bilden zu dem, was sie sein können und sein werden.

*

Im Herbst 1946 – im elendesten Tal der europäischen Nachkriegs-Krise – schrieb der Philosoph Martin Heidegger seinen berühmt gewordenen

Aufsatz über den Humanismus – einen Text, der sich beim ersten Hinsehen auch als ein dickerer Brief an Freunde verstehen ließe. Aber das Befreundungsverfahren, das dieser Brief zu seinen Gunsten bemühte, war nicht mehr einfach das der bürgerlichen schöngeistigen Kommunikation, und der Begriff von Freundschaft, der durch dieses denkwürdige philosophische Sendschreiben in Anspruch genommen wurde, war keineswegs mehr jener der Kommunion zwischen einem Nationalpublikum und seinem Klassiker. Heidegger wußte, als er diesen Brief formulierte, daß er mit brüchiger Stimme sprechen oder mit zögernder Hand würde schreiben müssen und daß die prästabilierte Harmonie zwischen dem Autor und seinen Lesern in keiner Hinsicht mehr für gegeben gehalten werden durfte. Es stand für ihn zu jener Zeit nicht einmal fest, ob er überhaupt noch Freunde habe, und sollten Freunde sich noch finden lassen, so müßte die Grundlage dieser Freundschaften neu bestimmt werden, jenseits von allem, was bis dahin in Europa und in den Nationen als Grund für Freundschaft zwischen Gebildeten gegolten hatte. Eines zumindest ist offenkundig: Was der Philosoph in jenem Herbst des Jahres 1946 zu Papier brachte, war keine Rede an die eigene Nation und auch keine Rede an ein künftiges Europa; es war ein mehrdeutiger, zugleich vorsichtiger und kühner Versuch des Autors, sich überhaupt noch einen geneigten Empfänger seiner Botschaft vorzustellen – und es entstand dabei, seltsam genug bei einem Mann von Heideggers regionalistischem Naturell – ein Brief an einen Ausländer – einen potentiellen Freund in der Ferne, einen jungen Denker, der sich die Freiheit genommen hatte, während der Besatzung Frankreichs durch die Deutschen sich von einem deutschen Philosophen begeistern zu lassen.

Also eine neue Befreundungstechnik? Eine alternative Post? Eine andere Art, Einverstandene und Mitnachdenkliche um ein ins Weite gesandtes Schriftstück zu versammeln? Ein anderer Humanisierungsversuch? Ein anderer Gesellschaftsvertrag zwischen Trägern einer unbehausten, nicht mehr nationalhumanistischen Nachdenklichkeit? Heideggers Gegner haben natürlich nicht versäumt, darauf hinzuweisen, daß der schlaue kleine Mann aus Meßkirch hier instinktsicher die erste Chance ergriffen habe, die sich ihm nach dem Kriege bot, an seiner Rehabilitation zu arbeiten: so habe er das Entgegenkommen eines seiner französischen Bewunderer listig ausgenutzt, um sich aus der politischen Zweideutigkeit ins Hochland mystischer Besinnlichkeit abzusetzen. Diese Verdächtigungen mögen suggestiv und triftig klingen, sie verfehlen doch das denkerische und kommunikationsstrategische Ereignis, das der zunächst an Jean Beaufret in Paris gerichtete, später selbständig publizierte und übersetzte Versuch über den Humanismus darstellt. Denn indem Heidegger in dieser Schrift, die der Form nach ein Brief sein wollte, Bedingungen des europäischen Humanismus offenlegte und überfragte, eröffnete er einen trans-humanistischen oder post-humanistischen[5] Denkraum, in dem sich seither ein wesentlicher Teil des philosophischen Nachdenkens über den Menschen bewegt hat.

Heidegger nimmt aus einem Schreiben Jean Beaufrets vor allem eine Formulierung auf: *Comment redonner un sens au mot ›Humanisme‹?* Der Brief an den jungen Franzosen enthält eine leise Zurechtweisung des Fragestellers, die sich am deutlichsten in den beiden unmittelbaren Repliken verrät:

> »Diese Frage kommt aus der Absicht, das Wort ›Humanismus‹ festzuhalten. Ich frage mich, ob das nötig ist. Oder ist das Unheil, das alle Titel dieser Art anrichten, nicht schon offenkundig genug?« »Ihre Frage setzt nicht nur voraus, daß sie das Wort ›Humanismus‹ festhalten wollen, sondern sie enthält auch das Zugeständnis, daß dieses Wort seinen Sinn verloren hat.« (*Über den Humanismus*, 1949, 1981, S. 7 und 35)

5 Diese Geste wird von denen verfehlt, die in Heideggers Onto-Anthropologie etwas wie einen »Antihumanismus« sehen möchten, eine törichte Formulierung, die eine metaphysische Form der Misanthropie suggeriert.

Damit wird schon ein Teil von Heideggers Strategie manifest: Das Wort Humanismus muß aufgegeben werden, wenn die wirkliche Denkaufgabe, die in der humanistischen oder metaphysischen Tradition bereits als gelöste erscheinen wollte, in ihrer anfänglichen Einfachheit und Unausweichlichkeit wiedererfahren werden soll. Zuspitzend gesprochen: Wozu erneut den Menschen und seine maßgebliche philosophische Selbstdarstellung im Humanismus als die Lösung anpreisen, wenn sich gerade in der Katastrophe der Gegenwart gezeigt hat, daß der Mensch selbst mitsamt seinen Systemen metaphysischer Selbstüberhöhung und Selbsterklärung das Problem ist? Diese Zurechtrükkung der Frage Beaufrets geschieht nicht ohne meisterliche Bosheit, denn sie hält, in sokratischer Manier, dem Schüler die in der Frage enthaltene falsche Antwort vor. Sie geschieht zugleich mit denkerischem Ernst, denn es werden die drei kuranten Hauptheilmittel in der europäischen Krise von 1945: Christentum, Marxismus und Existentialismus Seite an Seite als Spielarten des Humanismus charakterisiert, die sich nur in der Oberflächenstruktur voneinander unterscheiden – schärfer gesagt: als drei Arten und Weisen, der letzten Radikalität der Frage nach dem Wesen des Menschen auszuweichen.

Heidegger bietet sich an, der unermeßlichen Unterlassung des europäischen Denkens – nämlich der Nicht-Stellung der Frage nach dem Wesen des

Menschen in der einzig angemessenen, er meint: existential-ontologischen Weise ein Ende zu bereiten; zumindest aber deutet der Autor seine Bereitschaft an, in wie auch immer vorläufigen Wendungen der Heraufkunft der endlich sich richtig stellenden Frage zu dienen. Mit diesen scheinbar bescheidenen Wendungen legt Heidegger bestürzende Konsequenzen offen: Dem Humanismus – in seiner antiken, in seiner christlichen wie in seiner aufklärerischen Gestalt – wird bescheinigt, der Agent eines zweitausendjährigen Nichtdenkens zu sein; es wird ihm vorgehalten, mit seinen schnell gegebenen, scheinbar evidenten und unabweislichen Deutungen des Menschenwesens die Heraufkunft der eigentlichen Menschenwesensfrage versperrt zu haben. Heidegger erklärt, es werde in seinem Werk von *Sein und Zeit* an gegen den Humanismus gedacht, nicht weil dieser die Humanitas überschätzt habe, sondern weil er sie nicht hoch genug ansetze (*Über den Humanismus*, S. 21). Aber was heißt das Wesen des Menschen hoch genug ansetzen? Es bedeutet fürs erste, auf eine habituelle falsche Herabsetzung zu verzichten. Die Menschenwesensfrage komme nicht eher auf die richtige Bahn, als bis man Abstand nehme von der ältesten, hartnäckigsten und verderblichsten Übung der europäischen Metaphysik: den Menschen als *animal rationale* zu definieren. In dieser Deutung des Menschenwesens bleibt der Mensch verstanden von einer durch geistige Zusätze erweiterten Animalitas her. Hiergegen revoltiert Heideggers existential-ontologische Analyse, denn für ihn kann das Wesen des Menschen niemals in zoologischer oder biologischer Perspektive ausgesagt werden, auch wenn zu dieser regelmäßig ein geistiger oder transzendenter Faktor hinzugerechnet wird.

In diesem Punkt ist Heidegger unerbittlich, ja er tritt wie ein zorniger Engel mit gekreuzten Schwertern zwischen das Tier und den Menschen, um jede ontologische Gemeinschaft zwischen beiden zu verwehren. Er läßt sich in seinem anti-vitalistischen und anti-biologistischen Affekt zu nahezu hysterischen Äußerungen hinreißen, etwa wenn er erklärt, es scheine, »als sei das Wesen des Göttlichen uns näher als das Befremdende der Lebe-Wesen« (*Über den Humanismus*, S. 17). Im Kern dieses anti-vitalistischen Pathos wirkt die Erkenntnis, daß der Mensch zum Tier in ontologischer, nicht in spezifischer oder generischer Differenz steht, weswegen er unter keinen Umständen als Tier mit einem kulturellen oder metaphysischen Plus aufgefaßt werden darf. Vielmehr ist die Seinsart des Menschlichen selbst von der aller übrigen vegetabilischen und animalischen Wesen essentiell und dem ontologischen Grundzug nach verschieden; denn der Mensch hat Welt und ist in der Welt, während Gewächs und Getier nur in ihre jeweiligen Umwelten verspannt sind.

Wenn philosophisch Grund gegeben ist für eine

Rede von der Würde des Menschen, dann deswegen, weil eben der Mensch der vom Sein selbst Angesprochene und, wie Heidegger als Pastoralphilosoph zu sagen beliebt, zu seiner Hütung Bestellte ist. Deswegen haben Menschen die Sprache – aber sie besitzen diese, nach Heidegger, nicht in erster Linie nur, um sich untereinander zu verständigen und sich in diesen Verständigungen gegenseitig zu zähmen.

> »Vielmehr ist die Sprache das Haus des Seins, darin wohnend der Mensch ek-sistiert, indem er der Wahrheit des Seins, sie hütend, gehört.
> So kommt es bei der Bestimmung der Menschlichkeit des Menschen als der Ek-sistenz darauf an, daß nicht der Mensch das Wesentliche ist, sondern das Sein als die Dimension des Ekstatischen der Ek-sistenz.« (*Über den Humanismus*, S. 24)

Im Hinhorchen auf diese zunächst hermetischen Formulierungen kommt eine Ahnung auf, wieso Heideggers Humanismuskritik sich so sicher wähnt, nicht in einen Inhumanismus zu münden. Denn indem er die Ansprüche des Humanismus, das Menschenwesen schon zureichend ausgelegt zu haben, zurückweist und seine eigene Onto-Anthropologie dagegensetzt, so hält er doch an der wichtigsten Funktion des klassischen Humanismus, nämlich der Befreundung des Menschen mit dem Wort des Anderen, auf indirekte Weise fest – ja er radikalisiert dieses Befreundungsmotiv und versetzt es aus dem pädagogischen Feld ins Zentrum der ontologischen Besinnnung.

Das ist der Sinn der oft zitierten und viel verlachten Redeweise vom Menschen als dem Hirten des Seins. Unter Verwendung von Bildern aus dem Motivkreis der Pastorale und der Idylle spricht Heidegger von der Aufgabe des Menschen, die sein Wesen ist, und von dem Menschenwesen, aus dem seine Aufgabe entspringt: nämlich das Sein zu hüten und dem Sein zu entsprechen. Gewiß, der Mensch hütet nicht das Sein wie der Kranke das Bett, eher wie ein Hirt seine Herde auf der Lichtung, mit dem gewichtigen Unterschied, daß hier statt einer Herde Viehs die Welt als offener Umstand gelassen zu gewahren ist – und weiter noch, daß dieses Hüten keine frei gewählte Bewachungsaufgabe im eigenen Interesse darstellt, sondern daß die Menschen vom Sein selbst als Hüter angestellt werden. Der Ort, an dem diese Anstellung gilt, ist die Lichtung oder die Stelle, wo Sein aufgeht als das, was da ist.

Was Heidegger die Gewißheit gibt, mit diesen Wendungen den Humanismus überdacht und überboten zu haben, ist der Umstand, daß er den Menschen, als Lichtung des Seins begriffen, in eine Zähmung und eine Befreundung einbezieht, die tiefer gehen als jede humanistische Entbestialisierung und jede gebildete Liebe zu dem Text, der von

Liebe spricht, jemals reichen könnten. Indem er den Menschen als Hirten und Nachbarn des Seins bestimmt und die Sprache als Haus des Seins bezeichnet, bindet er den Menschen in eine Entsprechung zum Sein, die ihm eine radikale Verhaltenheit auferlegt und ihn – den Hirten – in die Nähe oder den Umgriff des Hauses bannt; er exponiert ihn einer Besinnung, die mehr Stillhalten und Stille-Hörigkeit in Anspruch nimmt, als die umfassendste Bildung es je vermöchte. Der Mensch wird einer ekstatischen Verhaltenheit unterworfen, die weiter reicht als das zivilisierte Innehalten des textfrommen Lesers vor dem klassischen Wort. Das Heideggersche an sich haltende Wohnen im Haus der Sprache ist bestimmt als ein abwartendes Lauschen auf das, was vom Sein selbst her zu sagen aufgegeben werden wird. Es beschwört ein In-die-Nähe-Horchen, bei dem der Mensch stiller und gezähmter werden muß als der Humanist beim Lesen der Klassiker. Heidegger will einen Menschen, der höriger wäre als ein bloßer guter Leser. Er möchte einen Befreundungsprozeß stiften, in welchem auch er selbst nicht mehr nur als Klassiker oder als Autor unter anderen rezipiert würde; am besten wäre es fürs erste wohl, wenn das Publikum, das naturgemäß nur aus ahnungsvollen Wenigen bestehen kann, zur Kenntnis nähme, daß das Sein selbst durch ihn, den Mentor der Seinsfrage, von neuem zu reden begonnen hat.

Damit erhebt Heidegger das Sein zum alleinigen

Autor aller wesentlichen Briefe und setzt sich selbst als dessen aktuellen Schriftführer ein. Wer in solcher Position redet, darf auch Stammeln aufzeichnen und Schweigen publizieren. Das Sein also schickt die entscheidenden Briefe, genauer gesagt, es gibt Winke an geistesgegenwärtige Freunde, an empfängliche Nachbarn, an gesammelt stille Hirten, doch soweit wir sehen, lassen sich aus dem Kreis dieser Mithirten und Freunde des Seins keine Nationen, ja nicht einmal alternative Schulen bilden – nicht zuletzt deswegen, weil es keinen öffentlichen Kanon der Seins-Winke geben kann –, es sei denn, man ließe Heideggers *opera omnia* bis auf weiteres als Maßstab und Stimme des namenlosen Über-Autors gelten.

Es bleibt angesichts dieser dunklen Kommunionen bis auf weiteres völlig unklar, wie eine Gesellschaft aus Nachbarn des Seins verfaßt sein könnte – sie muß wohl, bevor sich Deutlicheres zeigt, als eine unsichtbare Kirche von verstreuten Einzelnen aufgefaßt werden, von denen jeder auf seine Weise ins Ungeheure lauscht und die Worte erwartet, in denen laut wird, was dem Sprecher von der Sprache selbst zu sagen gegeben wird.[6] Es ist müßig, hier näher auf den kryptokatholischen Charakter der Heideggerschen Meditationsfiguren einzugehen.

6 Im übrigen ist ebenso unklar, wie eine Gesellschaft aus lauter Dekonstruktivisten aussehen könnte oder eine Gesellschaft aus lauter Lévinas-Schülern, die jeweils dem leidenden Anderen den Vorrang gäben.

Entscheidend ist jetzt nur, daß durch Heideggers Humanismuskritik hindurch ein Haltungswandel sich propagiert, der den Menschen auf eine über alle humanistischen Erziehungsziele weit hinausweisende besinnliche Askese hinweist. Nur kraft dieser Askese würde eine Gesellschaft der Besinnlichen jenseits der humanistischen literarischen Sozietät sich formieren können; es wäre dies eine Gesellschaft aus Menschen, die den Menschen aus der Mitte rückten, weil sie begriffen hätten, daß sie nur als »Nachbarn des Seins« existieren – und nicht als eigensinnige Hausbesitzer oder als möblierte Herren in unkündbarer Hauptmiete. Zu dieser Askese kann der Humanismus nichts beitragen, solange er am Leitbild des starken Menschen orientiert bleibt.

Die humanistischen Freunde der menschlichen Autoren verfehlen die begnadete Schwäche, in der das Sein sich den Angerührten, Angesprochenen zeigt. Für Heidegger führt vom Humanismus kein Weg zu dieser verschärften ontologischen Demutsübung; er meint in ihm vielmehr selbst einen Beitrag zur Aufrüstungsgeschichte der Subjektivität zu sehen. Tatsächlich deutet Heidegger die geschichtliche Welt Europas als das Theater der militanten Humanismen; sie ist das Feld, auf dem die menschliche Subjektivität ihre Machtergreifung über alles Seiende mit schicksalhafter Folgerichtigkeit ausagiert. Unter dieser Perspektive muß sich der Humanismus als natürlicher Komplize aller nur möglichen Greuel anbieten, die im Namen des menschlichen Wohls begangen werden können. Auch in der tragischen Titanomachie der Jahrhundertmitte zwischen Bolschewismus, Faschismus und Amerikanismus standen sich – aus Heideggers Sicht – lediglich drei Varianten derselben anthropozentrischen Gewalt[7] und drei Kandidaturen für eine humanitär verbrämte Weltherrschaft gegenüber – wobei der Faschismus aus der Reihe tanzte, indem er seine Verachtung für hemmende Friedens- und Bildungswerte offener als seine Konkurrenten zur Schau stellte. Tatsächlich ist Faschismus die Metaphysik der Enthemmung – vielleicht auch eine Enthemmungsgestalt der Metaphysik. Aus Heideggers Sicht war der Faschismus die Synthese aus dem Humanismus und dem Bestialismus – das heißt die paradoxe Koinzidenz von Hemmung und Enthemmung.

Angesichts solcher ungeheuerlicher Verwerfungen und Verkehrungen lag es nahe, die Frage nach dem Grund der Menschenzähmung und Menschenbildung neu zu stellen, und wenn Heideggers ontologische Hirtenspiele – die schon in ihrer Zeit seltsam und anstößig klangen – heute vollends anachronistisch zu sein scheinen, so behalten sie doch das Verdienst, daß sie unbeschadet ihrer Peinlichkeit und ihrer linkischen Außerordentlichkeit die Epochenfrage artikuliert haben: Was zähmt noch den Menschen, wenn der Humanismus als Schule

7 Vgl. Silvio Vietta, *Heideggers Kritik am Nationalsozialismus und der Technik*, Tübingen 1989.

der Menschenzähmung scheitert? Was zähmt den Menschen, wenn seine bisherigen Anstrengungen der Selbstzähmung in der Hauptsache doch nur zu seiner Machtergreifung über alles Seiende geführt haben? Was zähmt den Menschen, wenn nach allen bisherigen Experimenten mit der Erziehung des Menschengeschlechts unklar geblieben ist, wer oder was die Erzieher wozu erzieht? Oder läßt sich die Frage nach der Hegung und Formung des Menschen im Rahmen bloßer Zähmungs- und Erziehungstheorien gar nicht mehr auf kompetente Weise stellen?

Wir werden im folgenden von Heideggers Anweisungen zum Stehenbleiben in Endfiguren des besinnlichen Denkens abweichen, indem wir den Versuch unternehmen, die ekstatische Lichtung, in der sich der Mensch vom Sein ansprechen läßt, historisch genauer zu charakterisieren. Es wird sich zeigen, daß der menschliche Aufenthalt in der Lichtung – heideggerisch geredet das Hineinstehen oder Hineingehaltensein des Menschen in die Lichtung des Seins – keineswegs ein ontologisches Urverhältnis ist, das keiner weiteren Befragung zugänglich wäre. Es gibt eine von Heidegger resolut ignorierte Geschichte des Heraustretens des Menschen in die Lichtung – eine Sozialgeschichte der Berührbarkeit des Menschen durch die Seinsfrage und eine historische Bewegtheit im Aufklaffen der ontologischen Differenz.

Es ist hier zum einen von einer Naturgeschichte der Gelassenheit zu sprechen, kraft deren der Mensch das weltoffene, weltfähige Tier zu werden vermochte, zum anderen von einer Sozialgeschichte der Zähmungen, durch die die Menschen sich ursprünglich als die Wesen erfahren, die sich zusammennehmen[8], um dem Ganzen zu entsprechen. Die Realgeschichte der Lichtung – von der eine über den Humanismus hinaus vertiefte Besinnung über den Menschen ihren Ausgang nehmen muß – setzt sich also aus zwei größeren Erzählungen zusammen, die in einer gemeinsamen Perspektive konvergieren, nämlich in der Darlegung, wie aus dem Sapiens-Tier der Sapiens-Mensch wurde. Die erste dieser beiden Erzählungen gibt Rechenschaft von dem Abenteuer der Hominisation. Sie berichtet davon, wie in den langen Perioden vormenschlich-menschlicher Urgeschichte aus dem lebendgebärenden Säugetier Mensch eine Gattung von frühgeburtlichen Wesen wurde, die – wenn man so paradox reden dürfte – mit einem wachsenden Überschuß an animalischer Unfertigkeit in ihre Umwelten heraustraten. Hier vollzieht sich die anthropogenetische Revolution – die Aufsprengung der biologischen Geburt zum Akt des Zur-Welt-Kommens. Von dieser Explosion hat Heidegger in seiner störrischen Reserve gegen alle Anthropologie und in seinem Eifer, den Ausgangs-

8 Zum Motiv der »Sammlung« vgl. Manfred Schneider, *Kollekten des Geistes*, in: *Neue Rundschau* 1999, Heft 2, S. 44 ff.

punkt beim Dasein und In-der-Welt-Sein des Menschen ontologisch rein zu bewahren, bei weitem nicht genug Notiz genommen. Denn daß der Mensch das Wesen, das in der Welt ist, werden konnte, hat gattungsgeschichtliche Wurzeln, die sich andeuten lassen durch die abgründigen Begriffe der Frühgeburtlichkeit, der Neotenie und der chronischen animalischen Unreife des Menschen. Man könnte so weit gehen, den Menschen zu bezeichnen als das Wesen, das in seinem Tiersein und Tierbleiben gescheitert ist. Durch sein Scheitern als Tier stürzt das unbestimmte Wesen aus der Umwelt und erwirbt so die Welt im ontologischen Sinn. Dieses ekstatische Zur-Welt-Kommen und diese »Übereignung« an das Sein sind dem Menschen aus gattungsgeschichtlichem Erbe in die Wiege gelegt. Wenn der Mensch in-der-Welt ist, dann weil er einer Bewegung gehört, die ihn zur Welt bringt und ihn der Welt aussetzt. Er ist das Produkt einer Hyper-Geburt, die aus dem Säugling einen Weltling macht.

Dieser Exodus würde nur psychotische Tiere erzeugen, wenn nicht mit dem Hervorgang in die Welt zugleich ein Einzug vonstatten ginge in das, was Heidegger das Haus des Seins nannte. Die traditionellen Sprachen des Menschengeschlechts haben die Ekstase des In-der-Welt-Seins lebbar gemacht, indem sie den Menschen zeigten, wie ihr Sein bei der Welt zugleich als Bei-sich-selbst-Sein erfahren werden kann. Insofern ist die Lichtung ein Ereignis an der Grenze von Natur-und Kulturgeschichte, und das menschliche Zur-Welt-Kommen nimmt von früh auf die Züge eines Zur-Sprache-Kommens an.[9]

Aber die Geschichte der Lichtung kann nicht nur als Erzählung vom Einzug der Menschen in die Häuser der Sprachen entwickelt werden. Denn sobald die sprechenden Menschen in größeren Gruppen zusammenleben und sich nicht nur an Sprachhäuser, sondern auch an gebaute Häuser binden, geraten sie ins Kraftfeld der seßhaften Seinsweisen. Sie lassen sich nunmehr nicht mehr nur von ihren Sprachen bergen, sondern auch von ihren Behausungen zähmen. Auf der Lichtung erheben sich – als deren auffälligste Markierungen – die Häuser der Menschen (mitsamt den Tempeln ihrer Götter und den Palästen ihrer Herren). Kulturhistoriker haben klargemacht, daß mit der Seßhaftwerdung zugleich das Verhältnis zwischen Mensch und Tier insgesamt unter neue Vorzeichen geriet. Mit der Zähmung des Menschen durch das Haus beginnt zugleich das Epos von den Haustieren. Deren Bindung an die Häuser der Menschen jedoch ist nicht bloß eine Sache von Zähmungen, sondern auch eine von Abrichtungen und von Züchtungen.

Der Mensch und die Haustiere – die Geschichte

9 Ich habe andernorts dargestellt, inwiefern auch und mehr noch mit einem Ins-Bild-Kommen des Menschen zu rechnen ist: Peter Sloterdijk *Sphären I, Blasen*; *Sphären II, Globen*, Frankfurt a.M. 1998,1999.

dieser ungeheuerlichen Kohabitation ist noch nicht auf angemessene Weise zur Darstellung gebracht worden, und erst recht haben die Philosophen bis heute nicht wahrhaben wollen, was sie selbst inmitten dieser Geschichte zu suchen haben.[10] Nur an wenigen Stellen ist der Schleier des Philosophenschweigens über das Haus, den Menschen und das Tier als biopolitischen Komplex gerissen, und was dann zu hören war, waren schwindelerregende Hinweise auf Probleme, die für Menschen bis auf weiteres zu schwer sind. Hiervon ist noch das geringste der innige Zusammenhang zwischen Häuslichkeit und Theoriebildung – denn man könnte durchaus so weit gehen, die Theorie als eine Spielart von Hausarbeit zu bestimmen, oder vielmehr als eine Art von Hausmuße; denn was die Theorie nach ihren antiken Definitionen war, gleicht einem serenen Blick aus dem Fenster – sie ist in erster Linie eine Sache der Kontemplation, während sie in der Neuzeit – seit Wissen Macht sein soll – eindeutig Arbeitscharakter angenommen hat. In diesem Sinne wären die Fenster die

10 Eine der wenigen Ausnahmen machen die Philosophin Elisabeth de Fontenay mit ihrem Buch *Le silence des bêtes. La philosophie face à l'épreuve de l'animalité* sowie der Philosoph und Zivilisationshistoriker Thomas Macho, *»Tier«*, in: Christoph Wulf (Hg.), *Handbuch Historische Anthropologie*, Weinheim und Basel 1997, S. 62-85, und ders., *Der Aufstand der Haustiere,* in: Marina Fischer-Kowalski u.a., *Gesellschaftlicher Stoffwechsel und Kolonisierung von Natur. Ein Versuch in Sozialer Ökologie*, Amsterdam 1997, S. 177-200.

Lichtungen der Mauern, hinter denen die Menschen zu theoriefähigen Wesen wurden. Auch Spaziergänge, bei denen Bewegung und Besinnung verschmelzen, sind Derivate der Häuslichkeit. Noch Heideggers berüchtigte Denkwanderungen über Feld- und Holzwege sind typische Bewegungen von einem, der ein Haus im Rücken hat.

Doch diese Herleitung der Lichtung aus der gesicherten Häuslichkeit trifft nur den harmloseren Aspekt der Menschwerdung in Häusern. Die Lichtung ist zugleich ein Kampfplatz und ein Ort der Entscheidung und der Selektion. In bezug hierauf ist mit Wendungen einer philosophischen Pastorale nichts mehr auszumachen. Wo Häuser stehen, dort muß entschieden werden, was aus den Menschen, die sie bewohnen, werden soll; es wird in der Tat und durch die Tat entschieden, welche Arten von Häuserbauern zur Vorherrschaft kommen. In der Lichtung erweist sich, um welche Einsätze die Menschen kämpfen, sobald sie als städtebauende und reiche-errichtende Wesen hervortreten. Worum es hier im Ernst zu tun ist, das hat der Meister des gefährlichen Denkens, Nietzsche, im dritten Teil von *Also sprach Zarathustra* unter der Überschrift: »Von der verkleinernden Tugend« in beklemmenden Andeutungen umschrieben:

> »Denn er (Zarathustra) wollte in Erfahrung bringen, was sich inzwischen m i t d e m M e n s c h e n zugetragen habe: ob er grösser oder klei-

ner geworden sei. Und einmal sah er eine Reihe neuer Häuser; da wunderte er sich und sagte: Was bedeuten diese Häuser? Wahrlich, keine große Seele stellte sie hin, sich zum Gleichnisse!
… diese Stuben und Kammern: können Männer da aus- und eingehen?

–

Und Zarathustra blieb stehen und dachte nach. Endlich sagte er betrübt: ›Es ist Alles kleiner geworden!‹
Überall sehe ich niedrigere Thore: wer meiner Art ist, geht da wohl noch hindurch, aber – er muß sich bücken!
… Ich gehe durch diess Volk und halte die Augen offen: sie sind kleiner geworden und werden immer kleiner: – das aber macht ihre Lehre von Glück und Tugend.
… Einige von ihnen wollen, aber die Meisten werden nur gewollt …
… Rund, rechtlich und gütig sind sie miteinander, wie Sandkörnchen rund, rechtlich und gütig mit Sandkörnchen sind.
Bescheiden ein kleines Glück umarmen – das heissen sie ›Ergebung‹! …
Sie wollen im Grunde einfältiglich Eins am meisten: dass ihnen Niemand wehe thue …
Tugend ist ihnen das, was bescheiden und zahm macht: damit machten sie den Wolf zum Hunde und den Menschen selber zu des Menschen bestem Hausthiere.« (KSA Bd. 4, S. 211-214)

Ohne Zweifel verbirgt sich in dieser rhapsodischen Spruchfolge ein theoretischer Diskurs über den Menschen als eine zähmende und züchtende Gewalt. Aus Zarathustras Perspektive sind die Menschen der Gegenwart vor allem eines: erfolgreiche Züchter, die es vermocht haben, aus dem wilden Menschen den letzten Menschen zu machen. Es versteht sich von selbst, daß dergleichen nicht nur mit humanistischen, zähmend-abrichtend-erzieherischen Mitteln geschehen konnte. Mit der These vom Menschen als Züchter des Menschen wird der humanistische Horizont gesprengt, sofern der Humanismus niemals weiter denken kann und darf als bis zur Zähmungs- und Erziehungsfrage: Der Humanist läßt sich den Menschen vorgeben und wendet dann auf ihn seine zähmenden, dressierenden, bildenden Mittel an – überzeugt, wie er ist, vom notwendigen Zusammenhang zwischen Lesen, Sitzen und Besänftigen.

Nietzsche hingegen – der Darwin und Paulus gleich aufmerksam gelesen hat – meint, hinter dem heiteren Horizont der schulischen Menschenzähmung einen zweiten, dunkleren Horizont wahrzunehmen. Er wittert einen Raum, in dem unvermeidliche Kämpfe über Richtungen der Menschenzüchtung beginnen werden – und dieser Raum ist es, in dem sich das andere, das verhüllte Gesicht der Lichtung zeigt. Wenn Zarathustra durch die Stadt geht, in der alles kleiner geworden ist, nimmt er das Ergebnis einer bislang erfolgreichen und unumstrittenen Züchtungspolitik wahr: Die Menschen haben es – so scheint es ihm – mit Hilfe einer geschickten Verbindung von Ethik und Genetik fertiggebracht, sich selber kleinzuzüchten. Sie haben sich selbst der Domestikation unterworfen und eine Zuchtwahl in Richtung auf haustierliche Umgänglichkeit bei sich selbst auf den Weg gebracht. Aus dieser Vermutung entspringt Zarathustras eigentümliche Humanismus-Kritik als Zurückweisung der falschen Harmlosigkeit, mit der sich der neuzeitliche gute Mensch umgibt. Tatsächlich, es wäre nicht harmlos, wenn Menschen Menschen in Richtung auf Harmlosigkeit züchteten. Nietzsches Verdacht gegen alle humanistische Kultur dringt darauf, das Domestikationsgeheimnis der Menschheit zu lüften. Er will die bisherigen Inhaber der Züchtungsmonopole – die Priester und Lehrer, die sich als Menschenfreunde präsentierten – beim Namen und ihrer verschwiegenen Funktion nennen und einen weltgeschichtlich neuartigen Streit zwischen verschiedenen Züchtern und verschiedenen Züchtungsprogrammen lancieren.

Dies ist der von Nietzsche postulierte Grundkonflikt aller Zukunft: der Kampf zwischen den Kleinzüchtern und den Großzüchtern des Menschen – man könnte auch sagen zwischen Humanisten und Superhumanisten, Menschenfreunden und Übermenschenfreunden. Das Emblem Übermensch steht in Nietzsches Überlegungen nicht für den Traum von einer schnellen Enthemmung oder einer Evasion ins Bestialische – wie die gestiefelten schlechten Nietzsche-Leser der 30er Jahre wähnten. Der Ausdruck steht auch nicht für die Idee einer Rückzüchtigung des Menschen zum *status* vor der Haustier- und Kirchentierzeit. Wenn Nietzsche vom Übermenschen spricht, so denkt er ein Weltalter tief über die Gegenwart hinaus.[11] Er nimmt Maß an den zurückliegenden tausendjährigen Prozessen, in denen bisher dank intimer Verschränkungen von Züchtung, Zähmung und Erziehung Menschenproduktion betrieben wurde – in einem Betrieb freilich, der sich weitgehend unsichtbar zu machen wußte und der unter der Maske der Schule das Projekt Domestikation zum Gegenstand hatte.

Mit diesen Andeutungen – und mehr als Andeutendes ist auf diesem Feld weder möglich noch statthaft – steckt Nietzsche ein riesenhaftes Gelände ab, auf dem sich die Bestimmung des Menschen der Zukunft wird vollziehen müssen, gleichgültig ob dabei Rückgriffe auf das Übermensch-Konzept eine Rolle spielen oder nicht. Es mag wohl sein, daß Zarathustra die Sprechmaske einer philosophierenden Hysterie war, deren infektiöse Wirkungen heute und vielleicht für immer verflogen sind. Aber der Diskurs über die Differenz und Verschränkung von Zähmung und Züchtung, ja

11 Die faschistischen Nietzscheleser verkannten hartnäckig, daß es in bezug auf sie und die Gegenwart im allgemeinen nur um die Differenz des Allzumenschlichen vom Menschlichen ging.

überhaupt der Hinweis auf die Dämmerung eines Bewußtseins von Menschenproduktionen und allgemeiner gesprochen: von Anthropotechniken – dies sind Vorgaben, von denen das heutige Denken den Blick nicht abwenden kann, es sei denn, es wollte sich von neuem der Verharmlosung widmen. Wahrscheinlich hatte Nietzsche den Bogen überspannt, als er die Suggestion verbreitete, daß die Verhaustierung des Menschen das vorbedachte Werk eines pastoralen Züchterverbandes gewesen sei, das heißt ein Projekt des klerikalen, des paulinischen Instinkts, der alles wittert, was am Menschen eigenwillig und selbstherrlich geraten könnte und gegen dergleichen sofort seine Ausmerzungs- und Verstümmelungsmittel einsetzt. Dies war gewiß ein hybrider Gedanke, zum einen, weil er den potentiellen Züchtungsprozeß viel zu kurzfristig konzipiert – als reichten einige Generationen Priesterherrschaft aus, um aus Wölfen Hunde und aus Urmenschen Basler Professoren zu machen[12]; er ist hybrid aber mehr noch, weil er einen planenden Täter unterstellt, wo eher mit einer Zucht ohne Züchter, also einer subjektlosen biokulturellen Drift zu rechnen wäre. Doch auch nach Abzug der überspannten und argwöhnisch-antiklerikalen Momente bleibt von Nietzsches Idee ein hinreichend harter Kern zurück, um ein späteres

12 Über die Genese des Hundes, Neotenie u. ä. vgl. Dany-Robert Dufour, *Lettres sur la nature humaine à l'usage des survivants*, Paris 1999.

Nachdenken über die Humanität jenseits der humanistischen Harmlosigkeit zu provozieren.

Daß die Domestikation des Menschen das große Ungedachte ist, vor dem der Humanismus von der Antike bis in die Gegenwart die Augen abwandte – dies einzusehen genügt, um in tiefes Wasser zu geraten. Wo wir nicht mehr stehen können, dort steigt uns die Evidenz über den Kopf, daß es mit der erzieherischen Zähmung und Befreundung des Menschen mit den Buchstaben allein zu keiner Zeit getan sein konnte. Gewiß war das Lesen eine menschenbildende Großmacht – und sie ist es, in bescheideneren Dimensionen, noch immer; das Auslesen jedoch – wie auch immer es sich vollzogen haben mag – war stets als die Macht hinter der Macht im Spiel. Lektionen und Selektionen haben miteinander mehr zu tun als irgendein Kulturhistoriker zu bedenken willens und fähig war, und wenn es uns bis auf weiteres auch unmöglich scheint, den Zusammenhang zwischen Lesen und Auslesen hinreichend präzise zu rekonstruieren, so ist es doch mehr als eine unverbindliche Ahnung, daß dieser Zusammenhang als solcher seine Realität besitzt.

Die Schriftkultur selbst hat bis zu der kürzlich durchgesetzten allgemeinen Alphabetisierung scharf selektive Wirkungen gezeitigt; sie hat ihre Wirtsgesellschaften tief zerklüftet und zwischen den literaten und den illiteraten Menschen einen Graben aufgeworfen, dessen Unüberbrückbarkeit nahezu die Härte einer Spezies-Differenz erreichte. Wollte man, Heidegggers Abmahnungen zum Trotz, noch einmal anthropologisch reden, so ließen sich die Menschen historischer Zeiten definieren als die Tiere, von denen die einen lesen und schreiben können und die anderen nicht. Von hier aus ist es nur ein Schritt, wenn auch ein anspruchsvoller, zu der These, daß Menschen Tiere sind, von denen die einen ihresgleichen züchten, während die anderen die Gezüchteten sind – ein Gedanke, der seit Platos Erziehungs- und Staatsreflexionen zur pastoralen Folklore der Europäer gehört. Etwas hiervon klingt auf in Nietzsches oben zitiertem Satz, daß von den Menschen in den kleinen Häusern wenige wollen, die meisten aber nur gewollt sind. Nur gewollt sein heißt, bloß als Objekt, nicht als Subjekt von Auslese existieren.

Es ist die Signatur des technischen und anthropotechnischen Zeitalters, daß Menschen mehr und mehr auf die aktive oder subjektive Seite der Selektion geraten, auch ohne daß sie sich willentlich in die Rolle des Selektors gedrängt haben müßten. Man darf zudem feststellen: Es gibt ein Unbehagen in der Macht der Wahl, und es wird bald eine Option für Unschuld sein, wenn Menschen sich explizit weigern, die Selektionsmacht auszuüben, die sie faktisch errungen haben.[13] Aber sobald in einem

13 Vgl. P. Sloterdijk, *Eurotaoismus. Zur Kritik der politischen Kinetik*, Frankfurt a.M. 1989 (Ausführungen über Ethiken des Unterlassungshandelns und »Bremsen« als progressive Funktion).

Feld Wissensmächte positiv entwickelt sind, machen Menschen eine schlechte Figur, wenn sie – wie in den Zeiten eines früheren Unvermögens – eine höhere Gewalt, sei es den Gott oder den Zufall oder die Anderen, an ihrer Stelle handeln lassen wollen. Da bloße Weigerungen oder Demissionen an ihrer Sterilität zu scheitern pflegen, wird es in Zukunft wohl darauf ankommen, das Spiel aktiv aufzugreifen und einen Codex der Anthropotechniken zu formulieren. Ein solcher Codex würde rückwirkend auch die Bedeutung des klassischen Humanismus verändern – denn mit ihm würde offengelegt und aufgeschrieben, daß Humanitas nicht nur die Freundschaft des Menschen mit dem Menschen beinhaltet; sie impliziert auch immer – und mit wachsender Explizitheit –, daß der Mensch für den Menschen die höhere Gewalt darstellt.

Etwas hiervon war Nietzsche gegenwärtig, als er es wagte, sich selbst im Ausblick auf seine Fernwirkungen als eine *force majeure* zu bezeichnen. Man kann das Ärgernis, das durch diese Äußerung in die Welt gesetzt wurde, auf sich beruhen lassen, da es zur Beurteilung solcher Prätentionen um viele Jahrhunderte, wenn nicht um Jahrtausende zu früh ist. Wer hat Atem genug, sich eine Weltzeit vorzustellen, in der Nietzsche so historisch sein wird, wie Plato es für Nietzsche war? Es genügt, sich klarzumachen, daß die nächsten langen Zeitspannen für die Menschheit Perioden der gattungspolitischen Entscheidung sein werden. In ihnen wird sich zeigen, ob es der Menschheit oder ihren kulturellen Hauptfraktionen gelingt, zumindest wieder wirkungsvolle Verfahren der Selbstzähmung auf den Weg zu bringen. Auch in der Gegenwartskultur vollzieht sich der Titanenkampf zwischen den zähmenden und den bestialisierenden Impulsen und ihren jeweiligen Medien. Schon größere Zähmungserfolge wären Überraschungen angesichts eines Zivilisationsprozesses, in dem eine beispiellose Enthemmungswelle anscheinend unaufhaltsam rollt.[14] Ob aber die langfristige Entwicklung auch zu einer genetischen Reform der Gattungseigenschaften führen wird – ob eine künftige Anthropotechnologie bis zu einer expliziten Merkmalsplanung vordringt; ob die Menschheit gattungsweit eine Umstellung vom Geburtenfatalismus zur optionalen Geburt und zur pränatalen Selektion[15] wird vollziehen können – dies sind Fragen, in denen sich, wie auch immer ver-

14 Ich verweise hier auf die Gewaltwelle, die z. Zt. in der ganzen westlichen Welt in die Schulen einbricht, insbesondere in den USA, wo die Lehrer damit beginnen, Schutzsysteme gegen Schüler aufzubauen. So wie in der Antike das Buch den Kampf gegen die Theater verlor, so könnte heute die Schule den Kampf gegen die indirekten Bildungsgewalten, das Fernsehen, das Gewaltkino und andere Enthemmungsmedien verlieren, wenn nicht eine neue gewaltdämpfende Kultivierungsstruktur entsteht.

15 Allgemeiner gesprochen: zur Manipulation biologischer Risiken; eine ergänzte Formulierung.

schwommen und nicht geheuer, der evolutionäre Horizont vor uns zu lichten beginnt.

Es gehört zur Signatur der Humanitas, daß Menschen vor Probleme gestellt werden, die für Menschen zu schwer sind, ohne daß sie sich vornehmen könnten, sie ihrer Schwere wegen unangefaßt zu lassen. Diese Provokation des Menschenwesens durch das Unumgängliche, das zugleich das Nichtbewältigbare ist, hat schon am Anfang der europäischen Philosophie eine unvergeßliche Spur hinterlassen – ja vielleicht ist die Philosophie selbst diese Spur im weitesten Sinn. Nach dem Gesagten ist es nicht mehr allzu überraschend, daß diese Spur im besonderen sich als ein Diskurs über Menschenhütung und Menschenzucht erweist. Plato hat in seinem Dialog *Politikos* – man übersetzt gern: Der Staatsmann – die Magna Charta einer europäischen Pastoralpolitologie vorgelegt. Diese Schrift ist nicht nur von Bedeutung, weil sich in ihr klarer als irgendwo sonst zeigt, was die Antike wirklich unter Denken verstanden hat – die Gewinnung der Wahrheit durch sorgfältige Einteilung oder Zerschneidung von Begriffs- und Sachmengen; ihre inkommensurable Stellung in der Geschichte des Denkens über den Menschen liegt vor allem darin, daß sie gleichsam wie ein Arbeitsgespräch unter Züchtern geführt wird – nicht zufällig unter Teilnahme eines für Plato untypischen Personals –, eines Fremden und eines jüngeren Sokrates, als dürften gewöhnliche Athener zu Gesprächen dieser

Art fürs erste nicht zugelassen werden – wie denn auch, wenn es darum geht, einen Staatsmann zu selegieren, wie er in Athen nicht vorkommt, und ein Staatsvolk zu züchten, wie es noch in keiner empirischen Stadt zu finden war. Dieser Fremde also und sein Gegenüber, Sokrates junior, widmen sich dem verfänglichen Versuch, die künftige Politik oder Stadt-Hirtenkunst unter durchsichtige rationale Regeln zu stellen.

Mit diesem Projekt bezeugt Plato eine intellektuelle Unruhe im Menschenpark, die nie mehr ganz beschwichtigt werden konnte. Seit dem *Politikos* und seit der *Politeia* sind Reden in der Welt, die von der Menschengemeinschaft sprechen wie von einem zoologischen Park, der zugleich ein Themen-Park ist; die Menschenhaltung in Parks oder Städten erscheint von jetzt an als eine zoopolitische Aufgabe. Was sich als Nachdenken über Politik präsentiert, ist in Wahrheit eine Grundlagenreflexion über Regeln für den Betrieb von Menschenparks. Wenn es eine Würde des Menschen gibt, die es verdient, in philosophischer Besinnung zur Sprache gebracht zu werden, dann vor allem deswegen, weil Menschen in den politischen Themenparks nicht nur gehalten werden, sondern sich selbst darin halten. Menschen sind selbsthegende, selbsthütende Wesen, die – wo auch immer sie leben – einen Parkraum um sich erzeugen. In Stadtparks, Nationalparks, Kantonalparks, Ökoparks – überall müssen Menschen sich eine Meinung darüber bilden, wie ihre Selbsthaltung zu regeln sei.

Was nun den platonischen Zoo und seine Neu-Einrichtung anbelangt, so geht es bei ihm um alles in der Welt darum, zu erfahren, ob zwischen der Population und der Direktion eine nur graduelle oder eine spezifische Differenz besteht. Unter der ersten Annahme wäre nämlich der Abstand zwischen den Menschenhütern und ihren Schützlingen nur ein zufälliger und pragmatischer – man könnte in diesem Fall der Herde die Fähigkeit zusprechen, ihre Hirten turnusmäßig neu zu wählen. Herrscht aber zwischen Zooleitern und Zoobewohnern eine spezifische Differenz, dann wären sie voneinander so grundsätzlich unterschieden, daß eine Wahldirektion nicht ratsam wäre, sondern nur eine Direktion aus Einsicht. Allein die falschen Zoodirektoren, die Pseudostaatsmänner und politischen Sophisten würden dann für sich werben mit dem Argument, sie seien doch von gleicher Art wie die Herde, während der wahre Züchter auf Differenz setzte und diskret zu verstehen gäbe, daß er, weil er aus Einsicht handelt, den Göttern näher steht als den konfusen Lebewesen, die er betreut.

Platos gefährlicher Sinn für gefährliche Themen trifft den blinden Fleck aller hochkulturellen Pädagogiken und Politiken – die aktuelle Ungleichheit der Menschen vor dem Wissen, das Macht gibt.

Unter der logischen Form einer grotesken Definitionsübung entwickelt der Dialog vom Politiker die Präambeln einer politischen Anthropotechnik; in dieser geht es nicht nur um die zähmende Lenkung der von sich aus schon zahmen Herden, sondern um eine systematische Neu-Züchtung von urbildnäheren Menschenexemplaren. Die Übung beginnt so komisch, daß noch das nicht ganz so komische Ende leicht im Gelächter untergehen könnte. Was ist grotesker als die Definition der Staatkunst als einer Disziplin, die es zu tun hat mit den Fußgehern unter den in Herden lebenden Wesen? – denn Menschenführer üben weiß Gott nicht Schwimmtierzucht, sondern Landgängerzucht. Unter den Landgängern muß man die geflügelten von den ungeflügelt zu Fuß gehenden abtrennen, wenn man auf die Menschenpopulationen hinauswill, denen es bekanntlich an Federn und Flügeln fehlt. Der Fremde in Platos Dialog fügt nun hinzu, daß eben dieses Fußvolk unter den Zahmen von Natur aus wiederum in zwei deutlich geteilte Teilmengen gegliedert sei – nämlich »daß einige ihrer Art nach ungehörnt sind, andere hörnertragend«. Das läßt sich ein gelehriger Gesprächspartner nicht zweimal sagen. Den beiden Mengen entsprechen wieder zwei Arten von Hirtenkunst, nämlich Hirten für gehörnte Herden und Hirten für Nichtgehörnte – es dürfte auf der Hand liegen, daß man die wahren Führer der Menschengruppe nur findet, wenn man die Hirten fürs Gehörnte ausscheidet.

Denn wollte man Hornviehhirten Menschen hüten lassen – was dürfte man anderes erwarten als Übergriffe durch die Ungeeigneten und Scheingeeigneten. Die guten Könige oder *basileis*, so sagt der Fremde, weiden mithin eine abgestutzte Herde ohne Hörner – (265d). Doch das ist nicht alles; sie haben es des weiteren mit der Aufgabe zu tun, unvermischtbegattete Lebewesen zu hüten – das heißt Geschöpfe, die nicht außerspezifisch untereinander kopulieren wie etwa Pferde und Esel es zu tun pflegen – sie müssen also über die Endogamie wachen und Bastardisierungen zu verhindern suchen. Wird zu diesen Ungeflügelten, Hornlosen, nur mit ihresgleichen sich Paarenden zuletzt auch noch das Merkmal Zweifüßigkeit – moderner gesprochen – aufrechter Gang – hinzugefügt, so wäre die Hüte-Kunst, die sich auf ungeflügelte, ungehörnte, unvermischtbegattete Bipeden bezieht, schon recht gut als die wahre Kunst ausgewählt und gegen alle Scheinzuständigkeiten abgesetzt. Diese vorsorgende Hütekunst muß nun ihrerseits noch einmal eingeteilt werden in gewaltsam-tyrannische oder in freiwillige. Wird die tyrannische Form wiederum als unwahre, trugbildhafte ausgeschieden, so bleibt die eigentliche Staatskunst zurück: Sie wird bestimmt als »die freiwillige Herdenwartung ... über freiwillige lebendige Wesen« (276e).[16]

16 Plato-Interpreten wie Popper überlesen gern dieses zweimalige »freiwillig«.

Bis an diesen Punkt hat Plato es verstanden, seine Lehre von der Kunst des Staatsmanns ganz in Hirten- und Herdenbildern unterzubringen – und er hat aus Dutzenden von Trugbildern dieser Kunst das einzige wahre Bild, die gültige Idee der in Frage stehenden Sache ausgewählt. Nun aber, da die Definition vollendet scheint, springt mit einemmal der Dialog in eine andere Metaphorik über – dies geschieht jedoch, wie wir sehen werden, nicht, um das Erreichte preiszugeben, sondern um das schwierigste Stück der Menschenhüte-Kunst, die züchterische Steuerung der Reproduktion, aus einem verschobenen Blickwinkel um so energischer aufzugreifen. Hier hat das berühmte Weber-Gleichnis vom Staatsmann seinen Platz. Der wirkliche und wahre Grund der königlichen Kunst läßt sich nach Plato nämlich nicht im Votum der Mitbürger finden, die dem Politiker nach Belieben ihr Vertrauen zuwenden oder entziehen; er liegt auch nicht in ererbten Privilegien oder neuen Anmaßungen. Der platonische Herr findet die Raison seines Herrseins allein in einem züchterischen Königswissen, also einem Expertenwissen der seltensten und besonnensten Art. Hier taucht das Phantom eines Expertenkönigtums auf, dessen Rechtsgrund die Einsicht ist, wie Menschen – ohne je ihrer Freiwilligkeit Schaden anzutun – am besten zu sortieren und zu verbinden wären. Die königliche Anthropotechnik verlangt nämlich von dem Staatsmann, daß er die für das Gemeinwesen günstigsten Eigenschaften freiwillig lenkbarer Menschen auf die wirkungsvollste Weise ineinanderzuflechten versteht, so daß unter seiner Hand der Menschenpark zur optimalen Homoöstase gelangt. Dies geschieht, wenn die beiden relativen Optima der Menschenartung, die kriegerische Tapferkeit einerseits, die philosophisch-humane Besonnenheit andererseits gleichkräftig in das Gewebe des Gemeinwesens eingeschlagen werden.

Weil aber beide Tugenden in ihrer Vereinseitigung spezifische Entartungen hervorbringen können – die erste die militaristische Kriegslust mitsamt ihren verheerenden Folgen für die Vaterländer, die zweite den Privatismus der geistreichen Stillen im Lande, die so lau und staatsfern werden können, daß sie in die Knechtschaft gerieten, ohne es zu merken – , darum muß der Staatsmann die ungeeigneten Naturen auskämmen, bevor er daran geht, mit den geeigneten den Staat zu weben. Mit den zurückbleibenden edlen und freiwilligen Naturen allein wird der gute Staat erzeugt – wobei die Tapferen für die gröberen Kettfäden dienen, die Besonnenen für das »fettere, weichere, einschlagartige Gespinst« – wie es in Schleiermachers Worten heißt –, man dürfte etwas anachronistisch sagen, daß die Besonnenen in den Kulturbetrieb kommen.

»Dies also wollen wir sagen sei die Vollendung des Gewebes der ausübenden Staatskunde, daß

> in einander eingeschossen und verflochten werde der tapferen und der besonnenen Menschen Gemütsart, wenn die königliche Kunst durch Übereinstimmung und Freundschaft beider Leben zu einem gemeinschaftlichen vereinigend, das herrlichste und trefflichste aller Gewebe bildend, alle übrigen Freien und Knechte in den Staaten umfassend unter diesem Geflechte zusammenhält ...« (311 b, c)

Für den modernen Leser – der zurückblickt auf die humanistischen Gymnasien der Bürgerzeit und auf die faschistische Eugenik, zugleich auch schon vorausschaut ins biotechnologische Zeitalter – ist die Explosivität dieser Überlegungen unmöglich zu verkennen. Was Plato durch den Mund seines Fremden vortragen läßt, ist das Programm einer humanistischen Gesellschaft, die sich in einem einzigen Voll-Humanisten, dem Herrn der königlichen Hirtenkunst, verkörpert. Die Aufgabe dieses Über-Humanisten wäre keine andere als die Eigenschaftsplanung bei einer Elite, die eigens um des Ganzen willen gezüchtet werden muß.

Eine Komplikation bleibt zu bedenken: Der platonische Hirt kann ein glaubwürdiger Hüter der Menschen nur sein, weil er das irdische Abbild des einzigen und ursprünglichen wahren Hirten verkörpert – des Gottes, der in der Vorzeit, unter der Herrschaft des Kronos, die Menschen unmittelbar gehütet hatte. Man darf nicht vergessen, daß auch bei Plato allein der Gott als ursprünglicher Hüter und Züchter der Menschen in Frage kommt. Jetzt aber, nach der großen Umwälzung (*metabole*), da sich unter der Herrschaft des Zeus die Götter zurückgezogen und den Menschen die Sorge überlassen haben, sich selbst zu hüten, bleibt als der würdigste Hüter und Züchter der Weise zurück, bei dem die Erinnerung an die himmlischen Schauungen des Besten am lebhaftesten ist. Ohne das Leitbild des Weisen bleibt die Pflege des Menschen durch den Menschen eine vergebliche Leidenschaft.

Zweieinhalbtausend Jahre nach Platos Wirken scheint es nun, als hätten sich nicht nur die Götter, sondern auch die Weisen zurückgezogen und uns mit unserer Unweisheit und unseren halben Kenntnissen in allem allein gelassen. Was uns an Stelle der Weisen blieb, sind ihre Schriften in ihrem rauhen Glanz und ihrer wachsenden Dunkelheit; noch immer liegen sie in mehr oder weniger zugänglichen Editionen vor, noch immer könnten sie gelesen werden, wenn man nur wüßte, warum man sie noch lesen sollte. Es ist ihr Schicksal, in stillen Regalen zu stehen, wie postlagernde Briefe, die nicht mehr abgeholt werden – Abbilder oder Trugbilder einer Weisheit, an die zu glauben den Zeitgenossen nicht mehr gelingt –, abgeschickt von Autoren, von denen wir nicht mehr wissen, ob sie noch unsere Freunde sein können.

Briefsachen, die nicht mehr zugestellt werden,

hören auf, Sendungen an mögliche Freunde zu sein – sie verwandeln sich in archivierte Objekte. Auch dies, daß die maßgeblichen Bücher von einst mehr und mehr aufgehört haben, Briefe an Freunde zu sein, und daß sie nicht mehr auf den Tag- und Nachttischen ihrer Leser liegen, sondern in der Zeitlosigkeit der Archive versunken sind – auch dies hat der humanistischen Bewegung das meiste von ihrem einstigen Schwung genommen. Immer seltener steigen die Archivare zu den Textaltertümern hinab, um frühere Äußerungen zu modernen Stichworten nachzuschlagen. Vielleicht geschieht es hin und wieder, daß bei solchen Recherchen in den toten Kellern der Kultur die lange nicht gelesenen Papiere anfangen zu flimmern, als zuckten ferne Blitze über sie. Kann auch der Archivkeller zur Lichtung werden? Alles deutet darauf hin, daß Archivare und Archivisten die Nachfolge der Humanisten angetreten haben. Für die Wenigen, die sich noch in den Archiven umsehen, drängt sich die Ansicht auf, unser Leben sei die verworrene Antwort auf Fragen, von denen wir vergessen haben, wo sie gestellt wurden.

Nachbemerkung

Der hiermit als selbständige Publikation vorgelegte Text hat in der deutschen Öffentlichkeit während der Monate September und Oktober 1999 das prekäre Privileg erfahren, als Ausgangspunkt einer erregten und kontroversen Debatte zu dienen. In Anerkennung der Umstände, daß in diesem Fall das öffentliche Interesse die Autorenrechte überwiegt und daß aus einem unabgeschlossenen Essay ein Dokument geworden ist, an das zu rühren unter den gegebenen Bedingungen nicht sinnvoll wäre, habe ich auf mein Interesse an Weiterentwicklung und Abrundung des Textes verzichtet und ihn Wort für Wort in seiner vom Alarm überraschten Gestalt belassen – einige stilistische Korrekturen von untergeordneter Bedeutung ausgenommen. Ich habe in dieser Lage Verständnis für die Einwände derer, die an meiner Rede gewisse Ellipsen und Abkürzungen beanstanden und auf größere Ausführlichkeit dringen. Ebenso kann ich die Vorwürfe derer nachvollziehen, die mir vorhalten, ich hätte mehr an die Möglichkeiten, mißverstanden zu werden, denken müssen. Allein, es ist eine bekannte Schriftstellerschwäche, sich beim Schreiben nicht an den gewohnheitsmäßigen oder gewerbsmäßigen Mißverstehern zu orientieren. Einige seriöse Medien der Bundesrepublik haben nichtsdestoweniger den Nachweis geführt, daß versachlichende Argumentationsformen auch angesichts einer expliziten Aufputschungspublizistik verteidigt werden können.

Es läßt sich dennoch nicht verschweigen, daß gegenläufige Symptome schwer ins Gewicht fallen. Der Einbruch des Boulevards ins Feuilleton – veranstaltet durch die üblichen Unverdächtigen – ist ein Krisenphänomen, das einen übermächtigen Trend zur Umorientierung der Medien von Information auf Erregungsproduktion verrät. Statt Unterscheidungen zu fördern, erkennt diese Pressefraktion ihre Chance darin, durch Reizwortjournalismus Massenpsychosen der Simplifikation auszulösen.

Dieser Exzeß kommt nicht überraschend: Was das Thema meiner Rede ausgemacht hatte – das gefahrvolle Ende des literarischen Humanismus als einer Utopie der Menschenformung durch die Schrift und durch die geduldigmachende, zur Zurückhaltung des Urteils und zur Öffnung des Ohrs erziehende Lektüre – hat sich anläßlich dieses Vortrags noch einmal exemplarisch manifestiert, siehe »Die Zeit« vom 23. September 1999.

Der Leser sollte darüber informiert sein, daß diese Rede zuerst als ein Beitrag zu einem Vortragszyklus über die Aktualität des Humanismus am 15. Juni 1997 zu Basel im Rahmen einer literarischen Matinee vor großem Publikum gehalten wurde. Aus diesen Umständen erklären sich sowohl der Ton der Rede als auch die Selektivität ihrer Akzente, da ich – nach zwölf vorausgegangenen Vorträgen (unter anderen von Joachim Gauck, Vittorio Hösle, Elisabeth Bronfen, Vittorio Lampugnani, Wolfgang Rihm und Annemarie Schimmel) – bei den Hörern einen weiten Überblick über das Thema und einen ausgeprägten Sinn für die Diversität der Zugangsmöglichkeiten zu ihm voraussetzen durfte. Beides gilt für die jetzt erzwungene kontextfreie Rezeption meines Stückes nicht mehr. Als ich diese Rede, etwas modifiziert, im Juli 1999 auf der Elmauer Tagung über Heidegger und Lévinas in Gegenwart von Theologen und Philosophen aus Israel, Frankreich, den USA, Argentinien und Deutschland wiederholte, durfte ich von der Annahme ausgehen, daß diese Gruppe die beiden technisch interessanten Aspekte des Vortrags, die mediologisch-grammatologisch akzentuierte Deduktion der Humanitas und die historisch-anthropologische Revision von Heideggers Lichtungs-Motiv (die partielle Umkehrung des Verhältnisses von ontisch und ontologisch), im professionellen Kontext als Anregung verstehen würde. Diese Erwartung hat in bezug auf die Experten nicht getrogen, wohl aber hinsichtlich einiger zufällig anwesender Journalisten, die von der Logik des Beitrags nichts bemerkten, wohl aber in seinem Vokabular eine Chance zu denunziatorischer »Bericht«erstattung erkannten. Der Rest der Geschichte ergibt die sogenannte Sloterdijk-Debatte (oder den Sloterdijk-Habermas-Skandal, wie er in Frankreich genannt wird) – zu der ich selber nichts weiter beitragen möchte außer der Bemerkung, daß sie die Sprengkraft von Dekontextuierungen unter Beweis stellt.

In einem Punkt nur will ich auf eine schamlose Strategie der Falschleser aufmerksam machen: Ich habe an einer stark wahrgenommenen Stelle (S. 46) auf einige Probleme hingewiesen, die sich durch das Auftauchen der neuen biotechnischen Eingriffsmöglichkeiten für den künftigen Gattungsprozeß stellen könnten. Ich frage dort, ob auf lange Sicht so etwas wie eine explizite Merkmalsplanung auf Gattungsebene überhaupt möglich sei und ob die optionale Geburt (mit ihrer Kehrseite: der pränatalen Selektion) gattungsweit zu einem neuen Habitus in Fortpflanzungsdingen werden könnte (das Wort gattungsweit sollte hier nicht überlesen werden, weil die pränatale Selektion als Recht auf Abtreibung nach medizinischer Indikation in Europa und den USA bereits zum juristisch abgeklärten Kulturstandard gehört, katholischen Widerständen zum Trotz) – und an derselben Stelle füge ich hinzu, daß in nicht geheuren Fragen dieser Art sich vor uns der evolutionäre Horizont auftut. Aus diesen Fragesätzen haben einzelne Publizisten Präskriptionen gemacht.

Meine Basler-Elmauer Rede ist, nach ihrer Bereitstellung unter diversen Internetadressen, in der Zeitschrift »Le Monde des Débats« (Oktober 1999) auf französisch erschienen. Zwischen Mitte September und dem 1. Oktober ist die Internetadresse, die neben dem Redetext einige Zusatzdokumente zum Hintergrundsverständnis anbot, über 60 000mal abgefragt worden. Ab Mitte Oktober 1999 wird auch unter derselben Adresse (www.rightleft.net) ein Informationsservice zur Chronologie des Skandals verfügbar sein.

P. Sl.